So schön ist Hessen

Sachbuchverlag Karin Mader

Inhalt

Bild vorhergehende Doppelseite:
Hessische Rhön

Picture on previous double page:
Hessian Rhön

Photo de la page double précédente:
La Rhön de Hesse

Die Wurzeln der „echten" Hessen liegen in mehreren Volksstämmen: Franken, Chatten und Thüringer. Die frühen Landgrafen von Thüringen, die Hessens territoriale Entwicklung entscheidend beeinflußten, sind bis heute in Gestalt ihres silbern-rot gestreiften Löwens im Landeswappen verewigt. Ein Erbfolgekrieg im 13. Jahrhundert führte zur Trennung Thüringens von Hessen, das Heinrich I. übernahm. Er sicherte den Ausbau der Landgrafschaft, die 1292 zum Reichsfürstentum aufstieg. Die weitere Entwicklung kennzeichneten erbitterte Kämpfe vor allem mit dem Erzbistum Mainz, die aber im 15. Jahrhundert zugunsten Hessens entschieden wurden.

Während der Reformation avancierte Hessen zu den bedeutendsten Reichsterritorien; die im Zuge der Auflösung der Klöster gewonnenen Mittel wurden unter anderem in die Gründung der Universität Marburg investiert (1527). Für einen glänzenden Ruf weit über die Landesgrenzen hinaus sorgte Landgräfin Henriette Karoline, die den Darmstädter Hof im 18. Jahrhundert zu einem geistig-literarischen Mittelpunkt Deutschlands machte. Heute gehört Hessen zu den pulsierendsten Bundesländern. Seine günstige geographische Lage und die gute verkehrsmäßige Erschließung trugen dazu bei, daß sich inzwischen fast sechs Millionen Menschen hier Zuhause fühlen. Das Land verfügt über vier Universitäten, eine Technische Hochschule, Kunst- und Fachhochschulen, und seit 1988 über eine Privat-Universität. Wirtschaftlicher Mittelpunkt ist das Rhein-Main-Gebiet mit der Banken- und Geschäftsmetropole Frankfurt. Starke Industrieregionen haben sich auch im Raum Kassel und im Lahn-Dill-Kreis entwickelt. Der Fremdenverkehr gehört nach wie vor zu Hessens liebsten Kindern – kein Wunder: Hessen ist eines der waldreichsten Bundesländer und hat urlaubsreifen Zeitgenossen etwa mit den Weinbaugebieten von Bergstraße und Rheingau und seinen schmucken Kur- und Heilbädern viel zu bieten.

The roots of "real" Hesse can be found in several early tribes: Franks, "Chatten" and Thuringians. The former landgraves from Thuringia, who had a decisive influence on Hesse's territorial development, have been immortalized in the form of their silver and red striped lion in the state coat-of-arms. A war of succession in the 13th century led to Thuringia's separation from Hesse, which Heinrich I took over. He provided for consolidation of the earldom which was elevated to an imperial principality in 1292. Its further development was characterized by bitter struggles, particularly with the archbishopric of Mainz, which ended in Hesse's favor in the 15th century. During the Reformation Hesse advanced to become one of the most important imperial territories; the funds gained in the course of dissolution of cloisters was invested in, among other things, the founding of the University of Marburg (1527). Landgravine Henriette Karoline, who made the Darmstadt Court an intellectual and literary center in the 18th century, provided for a brilliant reputation that carried far beyond the state borders.

Today Hesse is one of the most pulsating federal German states. Its favorable geographic location and good transportation infrastructure have contributed to the fact that now nearly six million people feel at home here. The state has four universities, a technical college, art schools and polytechnics as well as a private university (since 1988). The economic center is the Rhine-Main area with the bank and business metropolis of Frankfurt. Strong industrial regions have also developed in the Kassel region and in the Lahn-Dill district. Tourism is still one of Hesse's most popular features and no wonder: it is among the most wooded states in Germany and has much to offer to vacation-seekers, such as the wine-growing regions of Bergstraße and Rheingau and its lovely health spas.

Plusieurs tribus: les Francs, les Chattes et les Thuringiens constituent les racines de la «vraie» Hesse. Les anciens landgraves de Thuringe qui eurent une influence décisive sur le développement territorial de la Hesse sont présents jusqu'à nos jours dans les armoiries du land sous la forme de leur lion rayé blanc et rouge. Une guerre de succession au 13e siècle entraîna la séparation de la Thuringe et de la Hesse qui passa sous la domination d'Henri I. Il consolida son pouvoir et, en 1292, ce comté fut promu principauté d'empire. L'évolution ultérieure est caractérisée par des combats acharnés surtout avec Mayence. C'est la Hesse qui remporta un avantage décisif au 15e siècle. Pendant la réforme la Hesse devint l'un des territoires les plus importants de l'empire. La confiscation des biens de l'église servit, entre autres, à financer la fondation de l'université de Marburg en 1527. Au 18e siècle, la comtesse Henriette Karoline fit de la cour de Darmstadt un centre culturel et littéraire de toute première importance. L'éclat de sa renommée s'étendit bien au-delà des frontières du land.

De nos jours, la Hesse est l'un des lands les plus trépidants de la République Fédérale. Sa situation géographique avantageuse et le bon accès aux voies de communication ont fait qu'elle compte à présent près de six millions d'habitants. Ce land dispose de quatre universités, d'une grande école technique, d'écoles d'art, d'écoles supérieures professionnelles et, depuis 1988, d'une université privée. La région du Rhin-Main avec Francfort, la métropole des banques et des affaires, le centre économique de la Hesse. Des régions industrielles importantes se sont développées aussi autour de Kassel et dans le district de Lahn-Dill. Le tourisme demeure l'un des enfants chéris de la Hesse. Rien d'étonnant à cela: ce land est le plus boisé de la République Fédérale et il a beaucoup à offrir aux vacanciers avec ses vignobles de la Bergstrasse et de la Rheingau et ses charmantes villes d'eaux.

Beschreibung des Hessenlands/
so zu unsern zeiten die Landtgraffeschafft
von Hessen genannt wird.
Cap. ccccxv.

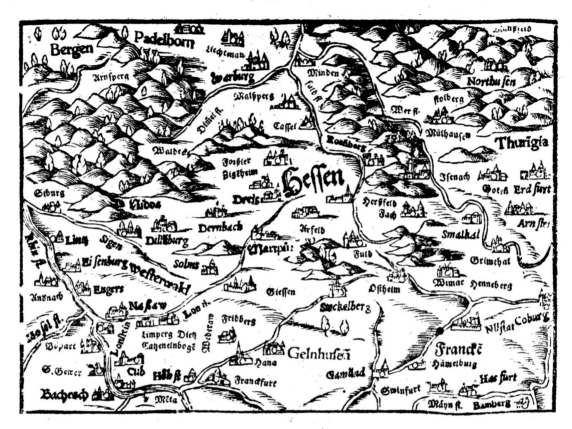

Hessen in der Mitte des 16. Jahrhunderts. Holzschnitt aus der „Cosmographey" von Sebastian Münster (1588).

Hessen in the middle of the 16th century. Wood Carving from the "Cosmographey" by Sebastian Münster (1588).

La Hesse au milieu du 16e siècle, gravure sur bois de la «Cosmographey» de Sebastian Münster (1588).

Arolsen 130
Berlepsch 121
Wilhelmsthal 111
Witzen-hausen 120
Bad Sooden-Allendorf 118/119
Korbach 125
Kassel 107-109
Groß-almerode 117
Ober-kaufungen 114
Waldeck 126
Fritzlar 122
Ger-merode 115
Eschwege 116
Bad Wil-dungen 128
Mel-sungen 86
Spangen-berg 88
Frankenberg 129
Homberg/Efze 89/90
Rotenburg 92
Batten-berg 124
Schwalmstadt Treysa 93
Bad Hersfeld 94
Dillenburg 64
Marburg 51-53
Amöne-burg 54
Alsfeld 74
Herborn 65
Vetz-berg 55
Homberg /Ohm 76
Schlitz 75
Tann 106
Wetzlar 61
Giessen 56-58
Lauterbach 77
Hadamar 71
Braunfels 67
Grünberg 63
Laubach 79
Fulda 98-102
Dietkirchen 73
Weilburg 68
Lich 60
Münzenberg 59
Runkel 72
Butzbach 48
Lim-burg a.d.L. 69
Bad Nauheim 50
Steinau 85
Friedberg 49
Idstein 46
Bad Homburg v.d.H. 47
Büdingen 78
König-stein 44
Höchst 31
Wächters-bach 82
Bad Orb 84
Gelnhausen 83
Bad Schwalbach 43
Bad Soden 42
Hanau 29
Wiesbaden 36-38
Hochheim 39
Frank-furt 32-35
Offenbach 30
Rüdes-heim 40
Seligenstadt 28
Dreieichen-hain 27
Groß-Gerau 26
Darmstadt 23-25
Bens-heim 15
Zwingenberg 13
Lorsch 11/12
Linden-fels 17
Michel-stadt 16
Heppen-heim 10
Erbach 18
Hirschhorn 20
19
Neckar-steinach

Diemel
Reinhards-wald
Habichts-wald
Kaufunger wald
Meißner
Werra
Kahler Asten
Rothaar-Gebirge
Eder
Fulda
Lahn
Schwalm
Knüll
Vogelsberg
Fulda
Wasser-kuppe 103
Rhön
Gr. Feld-berg
Taunus
Taunus
Rhein
Main
Spessart
Lahn
Neckar
Odenwald

Die Ziffern hinter den Ortsnamen in dieser Karte entsprechen den Seitenzahlen in diesem Buch.

The numbers following the place names on this map correspond to the page numbers in this book.

Les chiffres qui suivent les noms des localités dans cette carte correspondent aux numéros des pages de ce livre.

Wo die Sonne öfter scheint:
Hessische Bergstraße

Die Bergstraße (die heutige B 3) am Fuß der Westausläufer des Odenwaldes wurde einst von den Römern als Heerstraße (strata montana) angelegt.
Bild vorhergehende Doppelseite: Blick vom Schloß Auerbach auf die Bergstraße bei Bensheim.
Bild oben: der Marktplatz von Heppenheim.
Bild rechts: die Torhalle des ehemaligen Benediktiner Klosters in Lorsch (um 760), eines der bedeutendsten Bauwerke der karolingischen Renaissance.

"Bergstrasse" (today the B 3) at the foot of the western spur of Odenwald was once constructed by the Romans as a military road (strata montana).
Picture on previous double page: View from Schloss Auerbach onto "Bergstrasse" near Bensheim
Picture above: Heppenheim's marketplace.
Picture on the right: the portal hall of the former Benedictine monastery in Lorsch (around 760), one of the most significant edifices of the Carolingian Renaissance.

La Bergstrasse (l'actuelle B3), au pied du contrefort occidental de l'Odenwald, fut tracée, jadis, par les Romains. C'était une route stratégique (strata montana).
Photo de la double page précédente: vue du château d'Auerbach sur la Bergstrasse près de Bensheim.
Photo ci-dessus: la place du marché de Heppenheim.
Photo à droite: le porche de l'ancien cloître des bénédictins (vers 760) de Lorsch, l'un des plus importants bâtiments de la renaissance carolingienne.

Zwingenberg, reizvoll durch seine schönen Fachwerkhäuser rund um den Marktplatz, liegt am Fuße des über 500 m hohen Melibokus, dem Wahrzeichen der Bergstraße. Genießen Sie einen herrlichen Blick von der Bergkirche, die sich auf mächtigen Stützmauern (13. Jh.) über der Stadt erhebt. Bild links: Lorsch, Altes Rathaus

Zwingenberg, just as attractive because of its beautiful half-timbered houses around the marketplace, lies at the foot of the over 500-meter-high Melibokus, the landmark of "Bergstrasse". Enjoy a marvelous view from "Bergkirche" which raises itself over the city from the mighty retaining walls (13th cent).
Photo on the left: Lorsch, Old Town Hall

A Zwingenberg, autour du marché, se trouvent également de belles maisons aux poutres apparentes, ce qui rend cette ville très séduisante. Elle est située au pied du Melibokus, haut de plus de 500 m. C'est l'emblème de la Bergstrasse. Ne manquez pas la vue merveilleuse du haut de la Bergkirche qui domine la ville sur ses puissants murs de soutènement (13e siècle).
Photo à gauche: Lorsch Hôtel de ville

Trauben sind das Markenzeichen von Bensheim: Der Westhang des Odenwaldes an der Bergstraße ist für prächtige Ernten wie geschaffen. Das Weinfest lockt jährlich zahlreiche Besucher an. Bensheim ist aber nicht nur für Obst- und Weinbau bekannt; eine vielseitige Industrie sichert in den Bereichen Textilien, Möbel, Papier und Metallwaren viele Arbeitsplätze.

Grapes are Bensheim's trademark: the western slope of Odenwald in the so-called "Bergstrasse" region is just made for splendid harvests. The wine festival attracts numerous visitors every year. Bensheim is not only known for growing fruit and wine; a versatile industry provides many jobs in the textile, furniture, paper and metal goods sectors. Bensheim, which

Le raisin est l'emblème de Bensheim: le versant ouest de l'Odenwald incliné vers la Bergstrasse est idéal pour la viticulture. Les vendanges y sont somptueuses. La fête du vin attire chaque année de nombreux visiteurs. Bensheim, cependant, n'est pas connu que pour ses vergers et ses vignes. Des industries différenciées dans les domaines du textile, du meuble, du

Bensheim, das im 9. Jahrhundert zur Abtei Lorsch gehörte, kam 1232 an Kurmainz und 1802 an Hessen-Darmstadt. Den alten Stadtkern zieren Fachwerkhäuser, Adelshöfe und die klassizistische Georgskirche aus dem 19. Jahrhundert. Die berühmte Nibelungenstraße (von Worms bis in den Odenwald) kreuzt hier die Bergstraße.

was part of Lorsch Abbey in the 9th century, was taken over by Kurmainz in 1232 and by Hessen-Darmstadt in 1802. The old core of the town is adorned with half-timbered houses, aristocratic estates and the classicist St. George's Church form the 19th century. The famous "Nibelungen-strasse" (from Worms to Odenwald) intersects "Bergstrasse" here.

papier et de la métallurgie fournissent de nombreux emplois. Bensheim qui dépendait au 9e siècle de l'abbaye de Lorsch, passa en 1232 à l'épiscopat de Mayence et en 1802 à la Hesse-Darmstadt. Des maisons à colombages, des demeures aristocratiques et la Georgkirche de style classique, datant du 19e siècle, parent le vieux centre de la ville. La célèbre Nibelungenstrasse (de Worms à l'Odenwald) traverse ici la Bergstrasse.

Im schönen Odenwald

Wer kennt es nicht, das gotische Rathaus (1484) in Michelstadt, eines der ältesten in Deutschland. Wieviel Millionen Filme wurden von Besuchern aus allen Erdteilen hier schon zur Erinnerung an Deutschland belichtet? (Bild links) Bild oben: hingegossen an die Hänge des Odenwald schmiegt sich der Luftkurort Lindenfels.

Who does not know the Gothic Town Hall (1484) in Michelstadt, one of the oldest in Germany? How many million films were exposed here by visitors from all over the world as a memento of Germany? (picture on the left) Picture above: the fresh-air spa of Lindenfels nestled against the slopes of the Odenwald.

Qui ne connaît pas l'hôtel de ville gothique (1484) de Michelstadt, l'un des plus vieux d'Allemagne? Des millions de photos furent prises ici par des visiteurs de toutes les parties du monde qui voulaient emporter un souvenir d'Allemagne (à gauche). Photo ci-dessus: Blottie à la pente de l'Odenwald, la station climatique de Lindenfels.

Kaum zu glauben: Im idyllischen Erbach (oben: Rathaus und Kirche) ist man auf den Elefant gekommen. Besser gesagt: auf seine Stoßzähne. Welche kostbaren Kunstwerke sich aus ihnen schaffen ließen, zeigt das Deutsche Elfenbeinmuseum. Der Stolz von Neckarsteinach (rechts) ist die spätgotische Chorturmkirche aus dem 15. Jahrhundert.

Hard to believe: elephants have been discovered in idyllic Erbach (above: Town Hall and church). Or more precisely: their tusks. The German Ivory Museum displays valuable works of art that have been created from them. The pride of Neckarsteinach (right) is the late Gothic choir tower church dating from the 15th century.

Qui l'eut cru? Dans la ville idyllique d'Erbach (ci-dessus: l'hôtel de ville et l'église) on découvre l'éléphant – ou plutôt ses défenses. Le Musée Allemand de l'Ivoire présente des objets précieux sculptés dans ce matériau. Neckarsteinach est fier de sa Chorturmkirche de style gothique flamboyant, datant du 15e siècle.

Doppelseite vorher: an den Ufern des Neckar liegt Hirschhorn.
Stolz überragt eine Burg, die von der Romanik bis zur Renaissance mannigfache Veränderungen hinnehmen mußte, den heute teils noch von einer Mauer umgebenen Ort.
Bild oben: im Odenwald nördlich von Hirschhorn.

Previous double page: Hirschhorn on the banks of the Neckar. A castle which had to bear manifold changes from Romanic to the Renaissance proudly towers over the town, which is still partly surrounded by a wall.
Picture above: in the Odenwald north of Hirschhorn.

Page double précédente: Hirschhorn sur les bords de la Neckar. Le château fort fut souvent remanié dans différents styles, de l'époque romane à la Renaissance. Il domine fièrement les lieux. Le rempart existe encore en partie. Photo ci-dessus: dans l'Odenwald au nord de Hirschhorn.

Darmstadt –
nicht nur Stadt des Jugendstils

Nicht zuletzt durch seine zentrale Lage in der Bundesrepublik begünstigt, hat sich Darmstadt weltweit einen guten Namen als Industrie- und Handelsstadt geschaffen. Wissenschaftliche Institutionen wie z. B. die Technische Hochschule oder das internationale Musikinstitut für Zeitgenössische Musik setzen hier zukunftsorientierte Akzente. Von höchstem Stellenwert sind aber auch kulturelle Einrichtungen wie berühmte Museen, Galerien

Not lastly favored by virtue of its central location in the Federal Republic, Darmstadt has created a good name for itself worldwide as an industrial and trade city. Scientific institutions, such as the Technical College or the International Music Institute for Contemporary Music, are setting future oriented accents here. However, cultural institutions, such as famous museums, galleries and libraries, are also of the highest level.

Darmstadt est réputée dans le monde entier comme ville commerçante et industrielle, ce qu'elle doit, en particulier, au fait qu'elle est située au centre de la République Fédérale. Des institutions scientifiques, comme par exemple la Grande Ecole Technique ou l'Institut International de Musique Contemporaine, s'orientent vers l'avenir. Les institutions culturelles, musées célèbres, galeries et bibliothèques sont d'un très haut

und Bibliotheken. Die Russische Kapelle auf der Mathildenhöhe wurde 1898 für die Schwester des Großherzogs, die letzte Zarin von Rußland erbaut. Heute noch dient die Kapelle dem orthodoxen Kultus.

Großherzog Ernst-Ludwig gab 1898 den Anstoß zur Gründung dieser Künstlerkolonie, die 1901 erstmalig mit einer epochemachenden Ausstellung an die Öffentlichkeit trat. Bald schon wurde auch Darmstadt neben Wien und Paris eine der großen impulsgebenden Jugendstilzentren der Welt.

The Russian Chapel on Mathildenhöhe was built for the sister of the grand-duke, the last czarina, in 1898. Today the chapel still serves orthodox worship.

In 1898 Grand-Duke Ernst-Ludwig initiated the founding of an artist colony which first appeared before the public with an epoch-making exhibition (1901). Soon Darmstadt also became, in addition to Vienna and Paris, one of the great impulse-giving centers of "Jugendstil" in the world.

niveau. La chapelle russe, sur la Mathildenhöhe, fut érigée en 1898 pour la soeur du grand-duc, la dernière tzarine de Russie. La chapelle est encore vouée de nos jours au culte orthodoxe.

Le grand-duc Ernst-Ludwig initia la fondation d'une colonie d'artistes en 1898. Elle attira l'attention du grand public pour la première fois en 1901 avec une exposition qui fit époque. Bientôt Darmstadt devint, avec Paris et Vienne, l'un des grands centres du style 1900.

Zwischen Rhein und Main

Wo sich im 1. Jahrhundert ein römisches Kastell erstreckte, nehmen heute Wissenschaftler die Flora unter die Lupe: In Groß-Gerau hat die Versuchsstation des Instituts für Pflanzenbau und -züchtung der Universität Gießen ihren Sitz. Doch auch Nostalgiker kommen auf ihre Kosten – etwa beim Fachwerk-Rathaus aus dem Jahre 1579.

At the site where a Roman fort stood in the 1st century, scientists today examine flora: the research station of the Institute for Plant Cultivation of the University of Gießen is located in Groß-Gerau (left). But there is also a treat for those with a penchant for nostalgia – the half-timbered Town Hall from 1579 (photo), for example.

L'endroit où les botanistes étudient aujourd'hui la flore était occupé au 1er siècle par un fort romain. A Gross-Gerau (à gauche) se trouve la station expérimentale de l'Institut de Culture des Plantes de l'université de Giessen. Les nostalgiques y trouvent aussi leur compte en admirant, par exemple, l'hôtel de ville à colombages de 1579

Unbedingt einen Abstecher wert ist der Ort Dreieichenhain (oben). Er bildete sich um die Wasserburg Hain (11./12. Jahrhundert), die zu ihrer Blütezeit Zentrum des Staatsforsts und Wildbanns Dreieich war. Von ihr blieb allerdings nur eine Ruine übrig.

A side trip to the town of Dreieichenhain (above) is worthwhile in any case. It formed around Hain Castle (11th/12th century), which is surrounded by water and was the center of the state forest and royal hunting preserve of Dreieich during its heyday. Only ruins of it remain today, however.

Il faut absolument faire un détour par la petite ville de Dreieichenhain (ci-dessus). Elle s'est constituée autour du château à douves de Hain (11/12e siècles) qui, au temps de son apogée, était le centre de la forêt domaniale de Dreieich. Il n'en reste qu'une ruine.

Rechts und links vom Maintal

Malerisch am linken Mainufer gelegen, lädt Seligenstadt zum Besuch ein. Die Fachwerkhäuser im Stadtkern wären allein schon einen Besuch wert. Von höchster kulturhistorischer Bedeutung aber ist die Einhards-Basilika. Es ist die größte Kirche, die sich aus der Karolingerzeit erhalten konnte. (Gründungsbau 840 vollendet).

Picturesquely situated on the left bank of the Main, Seligenstadt is always inviting for a visit. The half-timbered house in the town center are alone worth a visit. Of the greatest cultural-historical significance, however, is the Einhards Basilica. It is the largest church which was able to be preserved from the Carolingian period. (Founding construction completed in 840).

Seligenstadt est une ville fort pittoresque située sur la rive gauche du Main. Les maisons à colombages, à elles seules, mériteraient une visite. La basilique Einhards occupe une place toute spéciale dans l'histoire de l'art. C'est la plus grande église de l'époque carolingienne qui nous soit parvenue (première construction terminée en 840).

Wo die Kinzig in den Main fließt, liegt Hanau, seit dem Anfang des 17. Jh. schon Stadt der Gold- und Siberschmiedekunst. Sehenswert ist deshalb vor allem das Deutsche Goldschmiedehaus, ehemals Altstätter Rathaus (1537 begonnen), mit seinen kostbaren Ausstellungen.
Bild oben: Schloß Philippsruhe (1712 vollendet), die ehemalige Sommerresidenz der Grafen von Hanau.

Hanau, town of goldsmith and silversmith craftsmanship since as early as the beginning of the 17th century, is located where the Kinzig flows into the Main. The "Deutsche Goldschmiedehaus", formerly Altstätter Town Hall (begun in 1537), with its valuable exhibits is therefore especially worth seeing.
Picture above: Schloss Philippsruhe (completed in 1712), the former summer residence of the counts of Hanau.

Hanau, située au confluent de la Kinzig et du Main, était déjà, au 17e siècle, la ville de l'orfèvrerie. La Deutsche Goldschmiedehaus, ancien Altstätter Rathaus (commencé en 1537), est particulièrement intéressante à cause de ses précieuses collections.
Ci-dessus le château de Philippsruhe (complété en 1712), ancienne résidence d'été des comtes de Hanau.

Nur wenige Kilometer von Frankfurt entfernt liegt die Stadt des Leders: Offenbach am Main, weltbekannt durch die internationalen Lederwarenmessen im Frühjahr und Herbst (Deutsches Leder- und Schuhmuseum).
Bild rechts: in Höchst, einst durch seine Porzellanmanufaktur berühmt (1746–1796), ließ 1772 ein reicher Tabakfabrikant den Bolongaropalast im Stile des Barocks errichten.

Only a few kilometers away from Frankfurt is the city of leather: Offenbach am Main, known worldwide through the international leather goods fairs in the spring and autumn (German Leather and Shoe Museum). Picture on the right: in Höchst, once famous because of its manufacture of porcelain (1746–1796), a rich tobacco producer had the "Bolongaropalast" built in baroque style in 1772.

A quelques kilomètres de Francfort se trouve Offenbach am Main, la ville du cuir. Les foires internationales des articles de cuir, au printemps et en automne, l'ont rendue célèbre (Musée Allemand du Cuir et de la Chaussure). Photo à droite: à Höchst dont la manufacture de porcelaine fut jadis célèbre (1746–1796), un riche marchant de tabac fit construire le Bolongaropalast, de style baroque en 1772.

Frankfurt –
Industrie- und Wirtschaftsmetropole am Main

793 erstmals als Franconofurd bekundet, präsentiert sich das heutige Frankfurt als modernste deutsche Geschäftsstadt. Aber die Wolkenkratzer der vielen Groß- und Weltbanken, der Versicherungsgesellschaften, der internationalen Hotels, die Hochhäuser unterschiedlichster Industrie-, Handels- und Dienstleistungsunternehmen, von Spitzenverbänden oder ausländischen Firmenvertretungen, haben nur das äußere Bild Frankfurts verändert. Noch immer hat sich die Goethestadt eine Komponente erhal-

First called Franconofurd in 793, present-day Frankfurt presents itself as a modern German business city. However, the skyscrapers of the many large and international banks, insurance companies, international hotels, the high buildings of the wide variety of industrial, trade and service enterprises, of leading organizations or of foreign business offices have only changed Frankfurt's external appearance. The city of Goethe has still been able to preserve a component which presents the true face of this

Mentionnée pour la première fois en 793 sous le nom de Franconofurd, la ville de Francfort est aujourd'hui la ville commerçante la plus moderne d'Allemagne. Cependant les gratte-ciel des banques internationales, des compagnies d'assurances et des hôtels internationaux, les buildings des entreprises commerciales, industrielles ou de services, n'ont módifié qu'extérieurement l'aspect de Francfort. La ville de Goethe a préservé jusqu'à nos jours ce qui lui donne un caractère particulier. Des manifesta-

ten können, die dieser Stadt ihr eigentliches Gesicht gibt. Kulturelle Ereignisse von höchstem Niveau und geistiges Engagement im musischen und wissenschaftlichen Bereich dominieren wie eh und je.
Links: der Römer (1405 vom Rat angekauft), der heutige Rathaus- komplex.
Oben: Die Alte Oper aus dem 19. Jahrhundert erstrahlt seit 1981 wieder in neuem Glanz.
Folgende Doppelseite: Skyline Frank- furt

city. Cultural events of the highest level and intellectual activity in the areas of music and science dominate as ever.
On the left: "Römer" (bought by the city council in 1405), the present-day city hall complex.
Above: The Old Opera from the 19th century has been shining again with new splendor since 1981.
Following double page: Frankfurt Skyline

tions culturelles de la plus haute qualité et un grand engagement dans le domaine de la musique et des sciences sont restés caractéristiques de la ville.
A gauche: Le Romain (acquis par le conseil de la ville en 1405), le complexe de l'actuel hôtel de ville.
Ci-dessus: Depuis 1981 le Vieil Opéra brille d'un nouvel éclat.
Double page suivante: Francfort

Wiesbaden –
von der Landeshauptstadt bis zu den Reben

Wiesbaden, internationale Kur- und Kongreß-Stadt, Sitz der Landesregierung von Hessen, kann auf eine lange Geschichte zurückblicken. Schon die Römer schätzten diesen Platz, das alte „Aquae Mattiacorum", als Badeort.

Wiesbaden, international spa and convention city, seat of the state government of Hessen, can look back upon a long history. The Romans had already valued this site, the old "Aquae Mattiacorum", as a bathing

Wiesbaden, station balnéaire et ville de congrès internationale, est le siège du gouvernement du land de Hesse. Son histoire est très ancienne. Les Romains appréciaient déjà l'antique «Aqua Mattiacorum» et venaient y

Noch heute prägen die 27 heißen Quellen, die täglich zwei Millionen Liter Thermalwasser spenden, das Image der Stadt.
Die elegante Wilhelmstraße und das Kurhaus (Bild nächste Seite) mit Kursälen und Spielbank und das Hessische Staatstheater sind nur einige von vielen Beispielen, die das hohe gesellschaftliche Niveau dieser Stadt repräsentieren.

place. Today the 27 hot springs, which give forth 2 million liters of thermal water daily, still characterize the image of this city.
Elegant Wilhelmstrasse and the Kurhaus (pichture on the following page) with its large ballrooms and casino and the Hessian State Theater are only some of many representative examples of the high cultural level of this city.

prendre les eaux. De nos jours encore, les vingt-sept sources thermales qui dispensent par jour deux millions de litres d'eau, en sont le signe distinctif. L'élégante Wilhelmstrasse (voir page suivante et l'établissement thermal), avec ses salles et son casino, et le théâtre d'état de Hesse ne sont que quelques exemples du haut niveau de l'activité sociale dans cette ville.

Am Westrand der Stadt beginnt der Rheingau mit seinen hessischen Weinbergen – Orte wie Walluf, Eltville, Erbach, Kiedrich, Hattenheim, Geisenheim, Rüdesheim (siehe folgende Doppelseite) oder Assmanshausen laden zur Weinprobe ein.

Rheingau with its Hessian vineyards begins at the western perimeter of the city – places like Walluf, Eltville, Erbach, Kiedrich, Hattenheim, Geisenheim, Rüdesheim (see following double page) or Assmanshausen invite one in for wine-tasting.

Dès la limite occidentale de la ville commence le Rheingau et ses vignobles, il faut aller déguster le cru local à Walluf, Eltville, Erbach, Kiedrich, Hattenheim, Geisenheim, Rüdesheim (voir page double suivante) ou Assmannshausen.

Die Barock-Kirche von 1732 und das Schlößchen sind eigentlich Grund genug, um in Hochheim Halt zu machen. Die Stadt hat aber ein noch prickelnderes Vergnügen zu bieten: Vor den Toren von Mainz und Wiesbaden gelegen, ist sie Mittelpunkt des Weinanbaugebietes am Untermain und bekannt für ihre vorzüglichen Sektkellereien.

The baroque church from 1732 and the little castle are in themselves reason enough to make a stop in Hochheim. The town has an even more titillating pleasure to offer: situated outside of Mainz and Wiesbaden, it is the center of the wine-growing region along the Lower Main River and known for its excellent Sekt (German champagne) producers.

La Barock-Kirche de 1732 et le Petit Château sont une raison suffisante de faire halte à Hochheim. La ville a un autre attrait piquant: située aux portes de Mayence de Wiesbaden, elle est au centre de la région de vignobles du bas Main et connue pour ses excellentes caves de vin mousseux.

Wo der Taunus die Landschaft prägt

Am Südhang des Taunus ist Bad Soden mit seinen über 30 Mineralquellen nicht nur ein Magnet für Kurgäste, die hier seit 1913 bei Erkrankungen der Atemwege, Herzleiden und Allergien Linderung suchen. Auch wer eine Oase für den Urlaub braucht, ist hier richtig.

Situated on the south slope of Taunus, Bad Soden with its over 30 mineral springs is not only a magnet for spa guests who have been coming here since 1913 in search of relief for disorders of the respiratory tract and heart as well as for allergies. This is also the right spot for those in need of an oasis for their vacation.

Bad Soden situé sur le versant sud du Taunus a plus de 30 sources thermales. Depuis 1913 on y soigne les maladies des voies respiratoires, les déficiences cardiaques et les allergies. C'est aussi une oasis de paix pour tout vacancier.

Im 19. Jahrhundert war Bad Schwalbach beim Hochadel der letzte Schrei. Der kleine Ort hatte sich seit 1569 allmählich zum Kur- und Bademekka gemausert. Bis heute lassen sich Kurgäste hier Moorpackungen verpassen, bummeln durch den herrlichen Kurpark (Foto) und genießen die beschauliche Ruhe.

In the 19th century Bad Schwalbach was the latest fashion for the high nobility. The small town had gradually blossomed into a spa and bathing mecca since 1569. And even today spa guests let themselves be treated with mudpacks, stroll through the marvelous park (photo) and enjoy the contemplative tranquillity.

Au 19e siècle Bad Schwalbach était la station balnéaire à la mode pour la haute aristocratie. Cette petite ville était devenue, peu à peu, à partir de 1569 une Mecque de bains et de cures. Encore de nos jours, les curistes s'y font administrer des cataplasmes de boue, flânent dans le magnifique parc (photo) et y jouissent du calme contemplatif.

Idstein war von 1355 bis 1721 die Residenz der Grafen von Nassau-Idstein. Das malerische Stadtbild ist weitgehend erhalten geblieben: die Burg, das Barockschloß, der Hexenturm, das reich geschnitzte Killingerhaus, und die einst gotische Unionskirche mit Deckenmalereien der Rubensschule laden den Fremden zur Besichtigung ein.
Die Mineralquellen von Bad Homburg v. d. Höhe, wahrscheinlich schon von den Römern genutzt, haben diese Stadt zum berühmten Kurort gemacht. Gefäß- und Stoffwechselleiden, Magen-, Darm- und Galle-erkrankungen werden hier mit Erfolg kuriert. Bild rechts: Blick übers Landgräfliche Schloß.
Vorhergehende Doppelseite: Blick von der Ruine der Burg Königstein über Königstein zum Feldberg.

Idstein was the residential seat of the counts of Nassau-Idstein from 1355 to 1721. The picturesque panorama of the city has to a great extent remained preserved: the castle, the baroque palace, the "Hexenturm" (Witches' Tower), the richtly carved Killinger-haus and the once Gothic Unionskirche with ceiling paintings of the Rubens school invite visitors in for a look.
The mineral springs of Bad Homburg v. d. Höhe, probably used by the Romans, have made this city into a famous spa. Blood vessel and metabolism ailments as well as stomach, intestinal and gall bladder maladies are cured here sucessfully.
Picture on the right: View of the "Landgräfliche Schloß".
Picture on previous double page: View from the ruins of Burg König-stein over Königstein to Feldberg.

Idstein fut, de 1355 à 1721, la résidence des comtes de Nassau-Idstein. L'aspect pittoresque de la ville a été, en grande partie, conservé. Il ne faut pas manquer de voir le château fort, le château baroque, la Hexenturm, la Killingerhaus, richement sculptée et l'ancienne église gothique Unionskirche, aux plafonds exécutés par l'école de Rubens.
Les sources thermales de Bad Hombourg v.d. Höhe, déjà connues des Romains, ont fait de cette ville une station balnéaire très renommée. Les troubles du métabolisme, les maladies artérielles, celles de l'estomac, de l'intestin et de la vésicule biliaire y sont traitées avec succès. Photo à droite: vue sur le Château des Comtes.
Photo de la double page précédente: vue prise des ruines du Château de Königstein sur Königstein et Feldberg.

Der Marktplatz von Butzbach (linkes Bild), einst römische Garnison am Limes, gilt als Musterbeispiel mittelalterlichen Städtebaus. Der ehemalige Gasthof „Zum goldenen Löwen" soll Handlungsort von Goethes „Hermann und Dorothea" gewesen sein.
Bild oben: Friedberg, wirtschaftlicher Mittelpunkt der Wetterau am Ostrand des Taunus, mit seiner marktbreiten Kaiserstraße und dem alten Rathaus von 1737. Sehenswert sind vor allem: die Stadtkirche, die Burg und das Judenbad.

The marketplace in Butzbach (left picture), once a Roman garnison at Limes, is considered a classic example of medieval town construction. The former inn, "Zum goldenen Löwen", is supposed to have been the setting for Goethe's "Hermann und Dorothea".
Picture above: Friedberg, economic center of Wetterau on the eastern perimeter of the Taunus, with its broad Kaiserstrasse and the old Town Hall dating from 1737. It is especially worth seeing the Stadtkirche, the castle and the Jewish Baths.

La place du marché de Butzbach (photo à gauche), jadis garnison romaine sur le limes, passe pour un modèle d'architecture romane du Moyen Age. L'ancien hôtel «Zum goldenen Löwen» passe pour être le lieu où l'action de «Hermann et Dorothéa» se déroule.
Photo ci-dessus: Friedberg, centre commercial de la Wetterau, à l'extrémité orientale du Taunus, avec la Kaiserstrasse, aussi large qu'un marché et le vieil hôtel de ville de 1737. Il ne faut pas manquer de voir la Stadtkirche, le château et le bain juif.

Am Ostrand des Taunus gelegen verspricht Bad Nauheim Linderung und Heilung von Kreislauf-, Herz-, Rheuma- und Asthmaleiden. Das einst bescheidene Salzsiederdorf entwickelte sich rasch zum Kurort von internationalem Rang.
Sehenswert ist der 1908 im Jugendstil erbaute Sprudelhof mit sieben Badehäusern und seinen Sprungquellen. (Bild oben).

Situated on the eastern perimeter of the Taunus, Bad Nauheim promises alleviation and cure of circulatory, heart, rheumatic and asthma ailments. The once modest salt-maker village rapidly developed into a spa of international rank. It is worthwhile seeing the "Sprudelhof" with seven bathing houses and its springs constructed in "Jugendstil" in 1908 (picture above).

A Bad Nauheim, situé à l'extrémité orientale du Taunus, on soigne les maladies de la circulation, du coeur, les maladies rhumatismales et asmathiques. Le Salzsiederdorf, jadis fort modeste, devint soudain une station balnéaire de renommée internationale. Le Sprudelhof avec ses sept maisons de bains et ses fontaines, mérite une visite. Il fut construit en 1908 dans le style 1900. (Photo ci-dessus).

Zwischen Biedenkopf und Limburg – das Lahntal

Die Lahn entspringt im südlichen Rothaargebirge und erreicht nach über 200 km den Rhein. An ihren Ufern – oder auch ganz in ihrer Nähe – liegen viele jener Orte, Städte, Landschaften oder Wochenendziele, die diesem Land seine Anziehungskraft verleihen. Hoch über der Altstadt von Marburg ist das Schloß der Landgrafen zu sehen, wo 1529 das Religionsgespräch zwischen Luther und Zwingli statt-fand. Heute werden hier wertvolle Sammlungen ausgestellt. Der Alltag dieser alten Universitätsstadt – schon 1527 gründete Landgraf Philipp der Großmütige in Marburg die erste protestantische Universität – wird auch heute noch durch die Uni und eine Vielzahl unterschiedlichster Hoch- und Fachschulen bestimmt.
Bild oben: Alte Universität

The Lahn has its source in the south-ern Rothaar mountains and reaches the Rhine after over 200 km. Many of the towns, cities, landscapes or weekend excursion points which give this state its force of attraction are located on its banks or very nearby. High above the Old Town of Marburg the palace of the landgraves can be seen where the religious discussion between Luther and Zwingli took place in 1529. Today valuable collec-tions are displayed here. Everyday life in this old university city – Landgrave Philipp the Magnanimous founded the first Protestant university in Marburg as early as 1527 – is still shaped by the university and a large number of different colleges and technical schools.
Picture above: Old University

La Lahn prend sa source dans le sud du Rothaargebirge et se jette dans le Rhin, après un parcours de plus de 200 km. Sur ses rives, ou non loin d'elles, se trouvent les villes, les villages, les paysages auxquels ce land doit beaucoup de son charme. Dominant la vieille ville de Marburg, on peut voir le Château des Comtes où, en 1529, l'entrevue entre Luther et Zwingli eut lieu. On y trouve aujourd'hui de précieuses expositions. C'est la vie universitaire – le comte Philippe le Magnanime fonda, dès 1527, à Marburg, la première université protestante et les grandes écoles sont nombreuses – qui donne à cette ville son caractère.
Photo ci-dessus: la vieille université.

Wer je beim alljährlichen „Frühschoppen" (siehe Bild oben) teilgenommen hat, weiß, welche Bedeutung das studentische Leben in Marburg hat.
Bild rechts: die Elisabethkirche, eine der ersten rein gotischen Kirchen in Deutschland (1283 fertiggestellt) und eine der wichtigsten Wallfahrtkirchen in Europa.

Whoever has taken part in the annual "Frühschoppen" (see picture above) knows what significance student life in Marburg has.
Picture on the right: Elisabethkirche, one of the first purely Gothic churches in Germany (completed in 1283) and one of the most important pilgrimage churches in Europe.

Qui a pris part au «Frühschoppen» annuel (voir photo ci-dessus) sait quelle importance a, de Marburg, la vie étudiante.
Photo à droite: Elisabethkirche, l'une des plus vieilles églises d'Allemagne en pur style gothique (complétée en 1283) et l'un des lieux de pélérinage les plus importants d'Europe.

Östlich von Marburg, liegt Amöneburg als lohnendes Ausflugsziel hoch oben auf einem 200 m hohen Basalthügel. Einst war Amöneburg ein hervorragender Siedlungspunkt und die ideale Wehranlage. Schon 721 gründete Bonifatius hier ein Kloster, vermutlich das älteste in Hessen. Die ehemalige Burg der Mainzer Erzbischöfe wurde nach ihrer Zerstörung 1762 nicht wieder aufgebaut.

Situated east of Marburg, Amöneburg is a worthwhile excursion point high up on a 200-meter-high basalt hill. Amöneburg was once a prominent settlement and an ideal military fortification. Bonifatius founded a monastery here as early as 721, probably the oldest in Hessen. The former castle of the Mainz archbishops was not rebuilt after its destruction in 1762.

A l'est de Marburg, Amöneburg, situé sur une colline basaltique de 200 m de haut, est un but d'excursion fort apprécié. Ce fut jadis un lieu idéal de colonisation et de défense. Dès 721 Boniface y fonda son cloître, le plus vieux de Hesse. L'ancien château fort des archevêques de Mayence fut démantelé en 1762 et ne fut pas reconstruit.

Bevor die Lahn die Universitätsstadt Gießen erreicht, erheben sich nicht weit von ihren rechten Ufern entfernt die Burgen Vetzberg und Gleiberg, von der das Bild aufgenommen wurde. Von hier aus hat man auch einen einmalig schönen Blick über Gießen hinweg bis zum Schiffenberg.

Before the Lahn reaches the university city of Gießen, the castles of Vetzberg and Gleiberg, from where the picture was taken, stand out prominently not far from its right bank. One has a uniquely beautiful view from here overlooking Gießen and beyond to Schiffenberg.

Avant que la Lahn ne parvienne à la ville universitaire de Giessen, elle laisse sur la droite les châteaux forts de Vetzberg et Gleiberg d'où fut prise la photo. On en a une vue merveilleuse sur Giessen et jusqu'àu Schiffenberg.

WILHELM CONRAD RÖN... 1845

In Gießen lehrte 1824–52 Justus von Liebig, der hier als Forscher und Entdecker bedeutende wissenschaftliche Erkenntnisse errang. Sein ehemaliges Labor ist heute als Museum zu besichtigen. Die Gründung der Universität, der einstigen „Ludoviciana" geht auf den Anfang des 17. Jahrhunderts zurück. Heute sind weitere wichtige modernste Bildungseinrichtungen hinzugekommen. Die moderne Plastik – Röntgenstrahlen durchdringen die Materie – erinnert an Wilhelm Röntgen, der von 1879–88 in Gießen lehrte.

Justus von Liebig, who obtained significant scientific knowledge here as a researcher and discoverer, taught in Gießen from 1824–52. His former laboratory can be viewed today as a museum. The founding of the university, once known as "Ludoviciana", dates back to the beginning of the 17th century. Today further important and modern educational institutions have been added. This modern sculpture – x-rays penetrate matter – is a memorial to Wilhelm Röntgen, who taught in Gießen from 1879–88.

Le professeur Justus Liebig enseigna à Giessen de 1824 à 1852. Il y fit d'importantes découvertes scientifiques. On peut visiter aujourd'hui son ancien laboratoire dont on a fait un musée. La fondation de l'université, l'ancienne «Ludoviciana», remonte au début du 17e siècle. Des institutions éducatives très importantes et très modernes y ont été ajoutées de nos jours. Cette plastique moderne – les rayons X transperçant la matière – a été érigée à la mémoire de Wilhelm Röntgen qui enseigna à Giessen de 1879 à 1888.

Am Stadtrand von Gießen steht hoch auf dem Schiffenberg die Ruine der im 12. Jh. als dreischiffige Pfeilerbasilika erbauten Kirche des ehemaligen Augustiner-Chorherrenstift Schiffenberg. Heute ist der Berg ein beliebtes Ausflugsziel, wo auch zünftige Feste gefeiert werden oder der „Musikalische Sommer" stattfindet.

At the perimeter of the city of Gießen the ruins of the church built as a three-bayed, pillared basilica in the 12th cent. for the former Schiffenberg Augustinian Chapter of Canons stands high atop Schiffenberg. Today this mountain is a popular excursion point where festivals are also celebrated and where the "Musical Summer" takes place.

A la limite de la ville de Giessen, haut perchées sur le Schiffenberg, se dressent les ruines de l'ancienne église du couvent des augustins de Schiffenberg. C'est une basilique à trois nefs, édifiée au 12e siècle. De nos jours c'est un lieu d'excursions très apprécié. De fameuses fêtes y ont lieu ainsi que «l'Eté Musical».

Lohnende Ausflugsziele, von Gießen schnell erreichbar, sind Lich und Burg Münzenberg (Bild). Die Burg, auf einem ovalen Basalthügel gelegen, galt weithin als sichtbares Zeichen stauffischer Macht über die Wetterau. Die gesamte Burganlage (1152 begonnen), vor allem aber auch der romanische Palas, gelten als großes historisches Baudenkmal.

Other worthwhile excursion points which can be quickly reached from Gießen are Lich and Burg Münzenberg (picture). The castle, situated on an oval basalt hill, was considered far and wide a visible sign of Hohenstaufen power over Wetterau. The entire castle grounds (begun in 1152), but above all the Romanic Palas, are considered a great historical monument.

Lich et Burg Münzenberg (photo) sont peu éloignés de Giessen et on peut y faire des excursions très agréables. Le château fort, situé sur une colline de basalte ovale, était considéré comme un signe visible du pouvoir des Hohenstauffen sur la Wetterau. L'ensemble de la place forte (commençée en 1152) mais surtout le Palas roman sont considérés comme d'importants monuments historiques.

Lich bietet dem Freund schöner alter Fachwerkhäuser, aus unterschiedlichen Jahrhunderten bis zurück zur Spätgotik, ein eindrucksvolles Bild. Aber auch St. Marien mit ihrer hervorragenden Rokoko-Kanzel oder das barocke Schloß (Bild) sind erwähnenswert.
In Wetzlar (Bild rechts), 1180 von Kaiser Friedrich Barbarossa zur Freien Reichsstadt erhoben, beherrscht der mächtige Dom hoch über der siebenbögigen Lahnbrücke das Stadtpanorama.

Lich offers lovers of beautiful old half-timbered houses, dating from different centuries as far back as the late Gothic period – an impressive picture. But also St. Marien with its marvelous rococo pulpit and the baroque palace (picture) are notable sights.
In Wetzlar (picture on the right), elevated to a Free City of the Empire by Emperor Friedrich Barbarossa in 1180, the mighty cathedral dominates the city panorama high above the seven-arched Lahn Bridge.

Lich plaira à l'ami des vieilles maisons à colombages. Ici, elles sont de différentes époques, certaines datant même de la fin de la période gothique. Il faut mentionner aussi St. Marien avec sa magnifique chaire rococo ou le château baroque (photo). A Wetzlar (photo à droite), promue au rang de ville libre par l'empereur Barberousse en 1180, l'imposante cathédrale, au-dessus du pont à sept arches qui enjambe la Lahn, domine le panorama de toute la ville.

Ein Schaf kommt selten allein – auf dem Weg nach Lich im Kreis Gießen begegnet man ihnen oft dutzendwei-se. In Lich dagegen erwarten den Besucher Attraktionen aus Stein, wie die spätgotische Kirche mit einem der ältesten Orgelprospekte Hessens von 1625, das Schloß und das Rathaus im italienischen Stil.

Sheep are seldom seen alone, and when you trael to Lich in the district of Gießen, it is no exception – you are bound to see dozens of them. In Lich itself, on the other hand, visitors can expect to find attractions made of stone, like the late Gothic church with one of the oldest organ backdrops in Hesse, dating from 1625, as well as the castle and the Town Hall in Italian style.

Un mouton arrive rarement seul – sur le chemin de Lich dans le district de Giessen, on en rencontre des douzaines. A Lich même ce sont des attractions de pierre qui attendent le visiteur: l'église de style gothique tardif avec son buffet d'orgue de 1625, l'un des plus vieux de Hesse, le château et l'hotel de ville de style italien.

Grünberg entstand im Schutz einer um 1186 angelegten Burg der Landgrafen von Thüringen. Von der Stadtbefestigung blieb nur noch der Diebsturm erhalten. Grünbergs prominenteste Adresse ist allerdings längst nicht mehr das Schloß, sondern die Sportschule des hessischen Fußballverbandes.

Grünberg came into being under the protection of a castle built for the landgraves of Thuringia in 1186. Of the town fortifications only Diebsturm remained intact. Grünbergs most prominent adress, however, has long ceased to be the castle; rather, it is now the sport school of the Hessian soccer association.

Grünberg se développa à l'abri d'une forteresse des comtes de Thuringe fondée vers 1186. Des remparts de la ville il ne reste que la Diebsturm. Depuis bien longtemps, cependant, l'adresse la plus importante de la ville n'est plus le château, mais l'école de sport de l'Association de Football de Hesse.

An einem Dillübergang im Kreuzungs-punkt mittelalterlicher Fernhandels-straßen entwickelte sich Herborn, dessen historisches Ortsbild weitge-hend erhalten blieb (oben). Gleichzei-tig entstand im Schutz einer nassaui-schen Burg der Ort Dillenburg, wo heute das hessische Landesgestüt zuhause ist. Die Kasematten des Dillenburger Schlosses zählen zu den größten Verteidigungsanlagen Euro-pas. Der wuchtige Wilhelmsturm von 1875 (links) dient inzwischen als Museum.

Herborn, whose historical townscape has remained extensively intact (above), began its development at a bridge over the Dill at the intersection of medieval long-distance trade routes. The town of Dillenburg came into being at the same time under the protection of a Nassau castle where the Hessian state stud farm has its domicile today. The casemates of Dillenburg Castle number among the largest defense fortifications in Euro-pe. The mighty Wilhelm's Tower from 1875 (left) now serves as a museum.

Herborn, situé près d'un pont de la Dill et au croisement de voies de commerce médiévales a gardé, en grande partie, son caractère historique (ci-dessus). La petite ville de Dillenburg, où se trouve aujourd'hui le haras du land de Hesse, se développa à la même époque sous la protection de la forteresse de la famille de Nassau. Les casemates du château comptent parmi les plus grands complexes défensifs d'Europe. La puissante Wilhelmsturm de 1875 (à gauche) sert de musée.

Für die Landschaft Hessens charakteristisch ist der reizvolle Gegensatz von Mittelgebirgen und eingelagerten Senken. Nicht nur bei Philippstein (Foto) kommen Radler und Wanderer auf ihre Kosten. Echte Kraxler dagegen müssen bescheiden bleiben: Die Wasserkuppe ist mit 950 Metern die höchste Erhebung im Land.

The attractive contrast between low mountain ranges and interspersed valleys is characteristic of Hesse's landscape. Cyclists and hikers get what they come for not only near Philippstein (photo). Real mountain climbers, however, are only offered modest challenges: Wasserkuppe, 950 meters in height, is the highest elevation in the state.

Le charmant contraste de montagnes de hauteur moyenne et de vallées encaissées entre elles est caractéristique des paysages de Hesse. Philippstein (photo), entre autres lieux, fait la joie des cyclistes et des marcheurs. Les vrais alpinistes, cependant, doivent rester modestes: le Wasserkuppe avec ses 950 mètres est le plus haut sommet du land.

Eine Burg aus dem 13. Jahrhundert hatte es den Grafen von Solms-Braunfels angetan: 1384 wurde sie ihr Hauptsitz. Im 17. Jahrhundert mauserte sich Braunfels zur Stadt, wovon noch heute zahlreiche barocke Fachwerkbauten zeugen.

A 13th-century castle caught the fancy of the counts from Solms-Braunfels: in 1384 it became their seat. In the 17th century Braunfels developed into a town, as numerous baroque half-timbered edifices still testify today.

Une forteresse du 13e siècle avait charmé les comtes de Solms-Braunfels: en 1384 elle devint leur résidence principale. Braunfels se transforma en ville au 17e siècle. De nombreux édifices à colombages baroques subsistent de cette époque.

Faszinierend ist ein Besuch von Schloß Weilburg, dessen Anfänge auf das 10. Jahrhundert zurückgehen. Wer alle die einmalig schön gestalteten Gebäude aus Renaissance und Barock in Ruhe außen und innen bewundern will, muß schon etwas Zeit und Geduld mitbringen.
Bild rechts: der heutige Dom zu Limburg, eine der bekanntesten deutschen Kirchen aus romanischer Zeit, mit Kunstschätzen von europäischer Einmaligkeit.

A visit to Schloß Weilburg, whose beginnings date back to the 10th century, is a fascinating experience. Whoever wishes to admire the uniquely and beautifully designed building of the Renaissance and baroque from the inside and the outside in peace and quiet must have a bit of time and patience.
Picture on the right: the present cathedral in Limburg, one of the best known German churches of the Romanic period, with art treasures that are unique in Europe.

Une visite au château de Weilburg, dont l'origine remonte au 10e siècle, constituera une expérience fascinante. Que ceux qui voudront admirer tout à leur aise les merveilleux bâtiments de style Renaissance et baroque se munissent de patience et de temps! Photo à droite: l'actuelle cathédrale de Limbourg, l'une des églises romanes les plus connues d'Allemagne; elle possède des trésors d'art uniques en Europe.

Wogende Wiesen, ein leuchtendes Mohnfeld, eine Kirchturmspitze: Immer wieder überrascht die Landschaft – wie hier am Rand des Westerwaldes – mit malerischen Winkeln. So manches Städtchen fügt sich harmonisch ein. Zum Beispiel Hadamar, dessen Renaissanceschloß – einst über einer Wasserburg aus dem 13. Jahr-

Seas of meadows, a bright poppy field, a church steeple: the countryside always holds surprises with picturesque spots – like here at the edge of Westerwald. Many a little town fits in harmoniously. Hadamar, for example, whose Renaissance castle – once built over a castle surrounded by water dating from the 13th century

Des prairies ondoyantes, un champ de coquelicots éclatants, la flèche d'un clocher: le paysage pittoresque réserve toujours de nouvelles surprises comme ici, à la limite du Westerwald. Les petites villes s'intègrent harmonieusement dans le paysage comme Hadamar, par exemple, dont le château Renaissance,

hundert errichtet – von fürstlicher Vergangenheit zeugt. In seiner Kapelle aus dem 17. Jahrhundert sind die Herzen von vier nassauischen Fürsten beigesetzt. Zu den dunkelsten Kapiteln Hadamars zählen die 40er Jahre, als die Nationalsozialisten hier im Zuge ihres Euthanasieprogramms zahlreiche Menschen ermordeten.

– testifies to a royal past. The hearts of four Nassau elector-princes are interred in its 17th-century chapel. One of Hadamar's darkest chapters was the wartime period of the 40s when Nazis murdered numerous people here in the course of their euthanasia program.

construit à partir d'un château à douves du 13e siècle, témoigne d'un passé princier. Sa chapelle du 17e siècle abrite les coeurs de quatre princes de la famille de Nassau. Les années quarante comptent parmi les chapitres les plus sombres de l'histoire d'Hadamar. De nombreuses personnes y moururent, victimes du programme d'euthanasie des nationaux-socialistes.

Die mittelalterliche Burg in Runkel (oben) und die Stiftskirche St. Lubentius und Juliana in Dietkirchen (rechts) sind markante Punkte des westlichen Lahntals. Hier treffen sich gern die Wassersportler für ein langes Wochenende, hier kann man, weitab vom Verkehr, in Ruhe radfahren und wandern.

The medieval castle in Runkel (above) and the collegiate church of St. Lubentius and Juliana in Dietkirchen (on the right) are characteristic points in the western Lahn Valley. Water-sport enthusiasts like to meet here for a long weekend; here one can ride a bicycle or go for a hike far away from traffic.

La forteresse moyenâgeuse de Runkel (ci-dessus) et l'église collégiale St. Lubentius et Juliana à Dietkirchen (à droite) sont les lieux les plus intéressants de la vallée occidentale de la Lahn. Les amateurs de sports aquatiques s'y retrouvent et on peut faire des randonnées à pied ou en vélo dans la campagne paisible.

Raum Vogelsberg und hessischer Spessart

Nördlich vom Vogelsberg liegt Alsfeld, ein europäisches Modell für hervorragenden Denkmalschutz. Nicht nur das jedem von vielen Kalenderblättern her bekannte Rathaus (Bild) und der Marktplatz,auch viele andere gut erhaltene und vorbildlich restaurierte Fachwerkhäuser und Straßen, u. a. die Fußgängerzonen, versetzen uns durch ihre Geschlossenheit in längst vergangene Zeiten zurück.

North of Vogelsberg is Alsfeld, a European model for excellent conservation of monuments. Not only the Town Hall (picture), known to everyone from many calendar pages, and the marketplace, but also many other well-preserved and exemplarily restored half-timbered houses as well as streets, among others the pedestrain zones, take us back by virture of their completeness to long bygone time of the past.

Au nord du Vogelberg se trouve Alsfeld, un modèle d'entretien des monuments pour toute l'Europe. Non seulement l'hôtel de ville (photo) est connu de chacun, grâce aux innombrables calendriers qui l'ont reproduit, mais aussi la place du marché et beaucoup d'autres maisons à colombages bien conservées ou restaurées de façon exemplaire. Les zones piétonnes, entre autres, nous reportent dans des temps depuis longtemps révolus.

Schlitz, ein mittelalterlicher, fast unverändert gebliebener Ort, ist eine „Burgen"-Stadt. Vier Stadtburgen sind rund um die Margarethenkirche angeordnet: die Schachtenburg, die Ottoburg, die Vorder- und die Hinterburg. Außerhalb des Altstadtkerns steht noch eine fünfte Burg, die Hallenburg. Heute sind in diesen, teils schon im 12. Jh. begonnenen Bauwerken, z. B. Altersheime, eine Jugendherberge und das Heimatmuseum untergebracht.

Schlitz, a medieval town that has remained almost unchanged, is a "castle town". Four town castles are arranged around Margarethenkirche: Schachtenburg, Ottoburg, Vorderburg and Hinterburg. Outside of the old town core there is a fifth castle, Hallenburg. Today there are, for instance, homes for the elderly, a youth hostel and the Heimatmuseum located in these edifices, some of which were begun in the 12th cent.

Schlitz a peu changé depuis le Moyen Age; c'est une ville fortifiée. Quatre forteresses se dressent autour de la Margarethenkirche: le Schachtenburg, l'Ottoburg, le Vorderburg et le Hinterburg. Hors du vieux centre de la ville se dresse une cinquième forteresse, le Hallenburg. Ces constructions qui étaient déjà en partie commencées au 12e siècle, abritent aujourd'hui des maisons de retraite, une auberge de jeunesse et le musée local.

Homberg/Ohm tauchte erstmals 1234 in den Annalen auf. Das Stadtbild wird bestimmt durch prächtige Fachwerkbauten. Eines der Schmuckstücke: das Rathaus von 1539. Aber auch die Pfarrkirche mit der spätgotischen Kreuzigungsgruppe von 1510 ist sehenswert.

Homberg/Ohm first appeared in the annals of history in 1234. The townscape is characterized by splendid half-timbered edifices. One of its gems: the Town Hall dating from 1539. However, the parish church with its late Gothic crucifixion group from 1510 is also worth seeing.

Homberg/Ohm figure pour la première fois dans les annales de 1234. Les magnifiques constructions à colombages sont caractéristiques de la ville: Parmi elles, un bijou: l'hôtel de ville de 1539. L'église paroissiale avec la Crucifixion de la fin du gothique et datant de 1510, est remarquable.

Burg Lauterbach wurde 812 zum erstenmal urkundlich erwähnt. Seine mittelalterliche Burg, die man im 17. Jahrhundert umbaute (Foto), zählt heute ebenso zu den Attraktionen wie das Stadtpalais im Rokoko-Stil und die Stadtkirche von 1767, die als eine der schönsten Barock-Exemplare Hessens gilt.

Burg Lauterbach was first mentioned in a document in 812. Its medieval castle, which was rebuilt in the 17th century (photo), numbers among today's attractions, as does the Town Palace in rococo style and the Town Church from 1767, which is considered one of the most beautiful baroque churches in Hessen.

Bad Lauterbach a été mentionné pour la première fois dans un document de 812. La forteresse médiévale remaniée au 17e siècle (photo), est l'une des attractions de la ville de même que le Stadtpalais de style rococo et la Stadtkirche de 1767 considérée comme l'un des plus beaux exemplaires du style baroque de Hesse.

Ob in Laubach (Bild rechts) oder in Büdingen (Bild oben) – in beiden Orten ist es das Schloß, das die Aufmerksamkeit erregt. Die weitläufige Schloßanlage in Laubach enthält noch Bauteile aus dem 13., 15., 16. und 18. Jahrhundert. Das Schloß in Büdingen, eine ehemalige Wasserburg, ist ein eindrucksvolles Beispiel einer geschlossenen stauffischen Herrenburg, die in der Spätgotik und Renaissance weiter ausgebaut wurde.

Whether in Laubach (picture on the right) or in Büdingen (picture above) – in both towns it is the palace that catches one's attention. The expansive palace grounds in Laubach still contain structural elements of the 13th, 15th, 16th and 18th centuries. The palace in Büdingen, a former water-enclosed castle, is an impressive example of a complete Hohenstaufen manor castle which was then further enlarged during the late Gothic and Renaissance periods.

Que ce soit à Laubach (photo à droite) ou à Büdingen (photo ci-dessus), dans ces deux endroits c'est le château qui attire l'attention. Le complexe du château de Laubac qui est très vaste, comprend des éléments des 13e, 15e, 16e et 18e siècles. Le château de Büdingen est un ancien «château à douves». C'est un exemple imposant de forteresse de l'époque des Hohenstauffen qui fut remaniée à la fin de l'ère gothique et à la Renaissance.

Bild Doppelseite vorher: So schön ist Hessen – z. B. auch hier, wo der Spessart das Panorama beherrscht. Wächtersbach (oben), Fachwerk-städten an der Kinzig, enstand neben der vermutlich im 12. Jh. errichteten Burg.
Bild rechts: Gelnhausen mit der romanischen Marienkirche (Ende 12. Jh. bis Mitte 13. Jh.), dem romanischen Haus (ca. 1185) und der romanischen Kaiserpflalz (vor 1182) ist das bevorzugte Ziel aller, die sich ganz speziell für diese Stilepoche interessieren.

Picture on previous double page: Hessen is so beautiful – also here, for example, where the Spessart dominates the panorama.
Wächtersbach (above), a half-timbered town on the River Kinzig, was built alongside the castle, which is thought to date back to the 12th century.
Picture on the right: Gelnhausen with the Romanic Church of the Virgin Mary (end of the 12th cent. to the middle of the 13th century), the Romanic house (approx. 1185) and the Romanic imperial palace (before 1182) is a point of attraction for all those especially interested in the style of this period.

Photo de la page double précédente: la Hesse est si belle – comme ici où le Spessart domine le panorama.
Wächtersbach (ci-dessus), une ville à colombages sur la Kinzig, se développa autour de la forteresse du 12e siècle.
Photo à droite: Gelnhausen avec l'église romane Marienkirche (fin du 12e siècle – milieu du 13e siècle), la maison romane (vers 1185) et le Kaiserpfalz roman (avant 1182) attirent tous ceux qui s'intéressent à cette époque et à son style.

Mitten im Spessart sprudeln die berühmten Heilquellen von Bad Orb. Ein Bummel durch die Altstadt des ehemaligen Königsguts, das einst der Erzbischof von Mainz mitsamt der Burg und den Salinen geschenkt bekam, wird zur Reise durch die Geschichte: Den Weg säumen – wie hier in der Kirchgasse – Fachwerkhäuser des 16. - 18. Jahrhunders, das Gradierwerk von 1806 im Kurpark, das Kurhaus aus der Jahrhundertwende – und der Konzertbau mit Wandelhalle, der 1957 entstand.

The famous medicinal springs of Bad Orb bubble in the middle of Spessart. A stroll through the Old Town of the former royal estate, which the Archbishop of Mainz once received as a gift along with the castle and the salt works, turns into a journey through history: the road – like here in Kirchgasse – is lined with half-timbered houses from the 16th to 18th century, the graduation house from 1806 in Kurpark, the health spa house dating from the turn of the century and the concert edifice with pump room which was built in 1957.

Bad Orb aux célèbres sources médicinales est situé au milieu du Spessart. Une balade à travers le vieux quartier de cette ville jadis propriété du roi et donnée en cadeau à l'archevêque de Mayence avec la forteresse et les salines, devient un voyage à travers l'histoire: en chemin l'on rencontre des maisons à colombages allant du 16 au 18e siècle – comme ici dans la Kirchgasse, la maison de graduation de 1806 dans le parc de l'établissement thermal, l'établissement thermal de la fin du siècle dernier et l'édifice de concerts avec la salle des pas perdus de 1957.

Steinau gehörte seit etwa 900 n. Chr. zur Abtei Fulda; erst 1290 erlangte es Stadt- und Marktrecht. Seit dem 13. Jahrhundert bauten es die Grafen von Hanau zum Verwaltungszentrum ihres Herrschaftsgebietes aus; das Schloß stammt von 1556. Heute läßt Steinau immer noch die Puppen tanzen – allerdings im Marionettentheater.

Steinau belonged to Fulda Abbey since roughly 900 A. D.; it did not receive a town charter and market rights until 1290. The counts from Hanau started expanding it into an administrative center in the 13th century; the castle dates from 1556. Today Steinau still lives it up, but in the marionette theater.

Steinau appartenait depuis environ 900 après J.C. à l'abbaye de Fulda et n'obtint les droits de ville et de marché qu'en 1290. Les comtes de Hanau en firent, à partir du 13e siècle, le centre administratif de leur territoire. Le château date de 1556. Aujourd'hui encore Steinau «fait danser les poupées» – dans le théâtre de marionnettes!

Rund um Schwalm und Knüll

Nördlich des Knüll liegt an der Fulda das Fachwerkstädtchen Melsungen, seit 1263 hessisch. Um die Mitte des reizvollen Marktplatzes steht frei das dreigeschossige Rathaus (Bild rechts), von dem man sagt, das es als Fachwerkhaus aus der Renaissance zu den schönsten seiner Art in Hessen gehört.

Melsungen, the small town of half-timbered houses, is situated on the Fulda north of Knüll and has been Hessian since 1263. The three-storeyed Town Hall (picture on the right), of which it is said that as a Renaissance half-timbered house it is one of the most beautiful of its kind in Hessen, stands detached around the middle of the attractive marketplace.

Au nord du Knüll et sur la Fulda se trouve la petite ville de Melsungen dont les édifices sont à colombages. Elle fait partie de la Hesse depuis 1263. Au milieu de la charmante place du marché se dresse l'hôtel de ville à trois étages (photo à droite), dont on dit que c'est l'une des plus belles constructions à colombages de la Renaissance en Hesse.

Der Luftkurort Spangenberg wurde 1261 erstmals erwähnt. Sehr reizvoll in diesem Fachwerkstädtchen sind die Kirchen, das Schloß und die Reste einer alten Stadtmauer.
Homberg an der Efze. Auch hier betonen besonders schöne Fachwerkhäuser das Stadtbild. Einige davon werden zu den schönsten in Hessen gezählt, wie z. B. das Rathaus (rechts). 1526 fand in der gotischen Stadtkirche die „Homberger Synode" statt – hier wurde die Einführung der Reformation in Hessen beschlossen. Folgende Doppelseite: Blick auf Homberg an der Efze

Spangenberg, a fresh-air resort, was first mentioned in the year 1261. Equally attractive in this half-timbered town are the churches, the castle and the remains of the old city walls.
Homberg on the Efze. Here the city panorama is also accentuated by beautiful half-timbered houses. Some of them are included among the most beautiful in Hessen, such as the Town Hall (right). The "Homberg Synod" took place in the Gothic "Stadtkirche" in 1526 – the introduction of the Reformation was decided upon here. Following double page: View of Homberg on the Efze.

Spangenberg fut mentionnée pour la première fois en 1261. Les maisons à colombages y sont fort attrayantes de même que l'église, le château et les vestiges d'un vieux rempart. Homberg sur l'Efze. Cette ville, elle aussi, est caractérisée par ses belles maisons à colombages. Certaines d'entre elles comptent parmi les plus belles de Hesse, comme, par exemple, l'hôtel de ville (à droite). En 1526 eut lieu, dans l'église de la ville, le «Synode de Homberg». On y résolut d'introduire le protestantisme en Hesse. Photo de la page double suivante: vue de Homberg sur l'Efze.

Nicht so bekannt wie das Rothenburg ob der Tauber ist Rotenburg an der Fulda. Thüringische Landgrafen gründeten in der Mitte des 12. Jh. die Burg Rotenburg und wenig später dann die Stadt am linken Fulda-Ufer. Als Sehenswürdigkeiten sind, in einem Park, das Schloß zu nennen, mit Bauteilen aus der Renaissance, Barock und Klassizismus, das Rathaus, Jakobi- und Stiftskirche und viele schöne alte Fachwerkhäuser.

Von Schwalmstadt, dem Zusammenschluß der Städte Treysa und Ziegenhain, hat man einen herrlichen Blick über den Knüll und das Schwalmtal. Auch hier stehen rund um den Rolandbrunnen (1683) reizvolle Fachwerkbauten. Sehenswert ist u. a. die Ruine der ehemaligen Pfarrkirche St. Martin (rechts), später Totenkirche mit dem sogenannten „Buttermilch-turm" (13. Jh.).

Not as well known as Rothenburg ob der Tauber is Rotenburg an der Fulda. Thuringian landgraves founded Rotenburg Castle in the middle of the 12th cent. and then a short time later the town on the left bank of the Fulda. The following sights are well worth seeing: the palace located in a park with structural elements dating from the Renaissance, baroque and classical periods, the Town Hall, Jakobikirche and collegiate church and many beautiful, old half-timbered houses.

From Schwalmstadt, the amalgamation of the towns of Treysa and Ziegenhain, one has a marvelous view over Knüll and the Schwalm valley. Here there are also charming half-timbered edifices situated around the Roland Fountain (1683). The ruins of the former parish church of St. Martin (right), later a memorial church with the so-called "Buttermilk Tower" (13the cent.), are also worth a visit.

Rotenbourg sur la Fulda n'est pas aussi connu que Rothenbourg sur la Tauber. Les comtes de Thuringe fondèrent, au milieu du 12e siècle, le château de Rotenbourg et, un peu plus tard, la ville, sur la rive gauche de la Fulda. Il ne faut pas manquer de voir le château au style composite, baroque et classique, l'hôtel de ville, la Jakobikirche, l'église collégiale et tant de belles et vieilles maisons à colombages!

De Schwalmstadt où se fondent les villes de Treysa et de Ziegenhain, on a une vue merveilleuse sur le Knüll et la vallée de la Schwalm. Ici aussi se dressent de belles maisons à colombages autour de la fontaine de Roland (1683). Les ruines de l'ancienne église paroissiale St. Martin (à droite), devenue plus tard église funéraire avec sa tour, la «tour de babeurre» (13e siècle), méritent une visite.

Bad Hersfeld, bekannt durch die alljährlichen Festspiele, die in der Stiftsruine, dem Rest einer im 11. Jh. erbauten romanischen Basilika, stattfinden, ist staatliches Heilbad. Mit dem 1904 neu gebohrten Lullusbrunnen, benannt nach Lullus, der hier schon 769 ein Kloster errichtete, begann Hersfelds Entwicklung als Bade- und Kurort, der speziell bei Leber-, Galle-, Magen-, Darm- und Stoffwechselkrankheiten empfohlen wird.

Bad Hersfeld, known by virtue of the annual festivals which take place in the ruins of a collegiate church, the remains of a Romanic basilica built in the 11th cent., is a state spa. Hersfeld's development as a spa, especially recommended for liver, gall bladder, stomach, intestinal and metabolim ailments, began in 1904 with the new drilling of the Lullus springs, named after Lullus who built a monastery here in 769.

Bad Hersfeld est une station balnéaire d'état. Le festival annuel, qui a lieu dans les ruines d'une basilique romane du 11e siècle, l'a rendue célèbre. Cette ville a pris de l'essor après qu'on eut foré le nouveau puits nommé d'après Lullus, fondateur d'une abbaye à Bad Hersfeld en 769. La cure est particulièrement recommandée pour le traitement des maladies du foie, de la vésicule biliaire, de l'estomac, des l'intestin et les maladies du métabolisme.

Diese Idylle sollte nicht darüber
hinwegtäuschen, daß Bad Hersfeld
heute auch Sitz wichtiger Behörden,
Schulen, Dienstleistungs- und Industrieunternehmen ist.
Bild links: das zweiteilige Renais-
sance-Rathaus.
Bild folgende Doppelseite: hoch auf
dem Eisenberg im Knüllgebirge.

This idyll should not conceal the fact
that Bad Hersfeld is also the seat of
important government agencies,
schools, service and industrial enter-
prise today.
Picture on the left: the two-part
Renaissance Town Hall.
Picture on following double page:
high atop Eisenberg in the Knüll-
Mountains.

Mais Bad Hersfeld n'a pas que cet
aspect idyllique, c'est aussi le siège
d'importantes administrations,
d'écoles, d'entreprises de services et
d'industries.
Photo à gauche: l'hôtel de ville
Renaissance en deux parties.
Photo de la double page précédente:
sur le Eisenberg dans le Knüllgebirge.

Die Barockstadt Fulda

Obwohl sich Fulda heute als lebendiges und modernes Wirtschafts-, Verwaltungs- und Einkaufszentrum im osthessischen Raum mit bedeutenden Industrieunternehmen zeigt, ist es die hessische Barockstadt geblieben. Aber

Although Fulda presents itself today as a lively and modern economic, administrative and shopping center in East Hesse with important industrial firms, it has still remained the baroque city of Hesse. Attention should be

Bien que Fulda soit aujourd'hui un centre actif et moderne, une ville industrielle, administrative et commerciale d'importance dans la Hesse orientale, elle n'en reste pas moins la ville du baroque. Mais il ne

auch auf Bauwerke wie das alte Rathaus (im Kern frühgotisch) und vor allem auf die Michaels-Kapelle, eine ehemalige karolingische Rundkirche (zweitälteste in Deutschland) sollte die Aufmerksamkeit gelenkt werden.

directed to such edifices as the old Town Hall (the core is early Gothic) and above all Michaels-Kapelle, a former Carolingian round church (the second oldest in Germany).

faut pas ignorer pour cela le vieil hôtel de ville (dont la première construction remonte au début de la période gothique) et surtout la Michaels-Kapelle, une église carolingienne ronde (la deuxième d'Allemagne pour l'ancienneté).

Das barocke Fulda: das sind der Dom (Bild rechts) mit dem Grab des hl. Bonifatius in der Krypta und dem Dom-Museum mit einmaligen Reliquien und Kunstschätzen, das Schloß mit den prachtvoll ausgesstatteten Sälen, vor allem der reich dekorierte Kaisersaal, sowie der Spiegel- und Kabinettsaal und die Orangerie (Bild oben), eine der schönsten ihrer Art in Deutschland mit der hochaufstrebenden „Flora-Vase" im Treppenbereich.

Baroque Fulda: that means the cathedral (picture on the right) with the tomb of St. Bonifatius in the crypt and the cathedral museum with unique relics and art treasures, the palace with its magnificently furnished rooms, above all the richly decorated Emperor's Room as well as the Mirror Room and the "Kabinettsaal". The Orangerie (picture above), one of the most beautiful of its kind in Germany with the upwards striving "Flora-Vase" in the stairway area.

La Fulda baroque ce sont: la cathédrale (photo à droite) avec la tombe de Saint-Boniface dans la crypte et le musée de la cathédrale avec des reliquaires et des trésors d'art uniques. Ce sont aussi: le château avec des salles magnifiquement meublées, principalement la Kaisersaal, richement décorée, la Spiegelsaal, la Kabinettsaal, l'orangerie (photo ci-dessus), l'une des plus belles, en son genre, d'Allemagne avec, dans la cage d'escalier, le jaillissement du «Vase de Flore».

Das sind auch das Paulustor zwischen Hauptwache und Schloß, das Portal zum Bischöflichen Priesterseminar, oder Hessens schönstes Barockschloß Fasanerie vor den Toren der Stadt bei Bronnzell, ursprünglich Sommerresidenz der Fürstäbte von Fulda (Bild oben).

That also means "Paulustor" between the main guard and the palace, the portal to the Episcopal Seminary, or Hesse's most beautiful baroque palace pheasantry before the gates of the city near Bronnzell, originally the summer residence of the elector-prince abbeys of Fulda (picture above).

Il faut aussi mentionner la Paulustor entre le corps de garde central et le château, le portail du seminaire épiscopal ou le plus beau château baroque de Hesse, la Fasanerie, à Bronnzell, devant les portes de la ville. C'est l'ancienne résidence d'été des comtes de Fulda (photo ci-dessus).

Auf den Höhen der Rhön

Auf der fast 1000 m hohen Wasser-kuppe wurden schon vor über 70 Jahren die ersten Segelflugzeuge gestartet. Heute ist dieser „Berg der Flieger", inzwischen mit Segelflieger-schule und Segelflugmuseum, auf der ganzen Welt bekannt. Wer nichts vom Fliegen hält, kann auf der Wasserkup-pe erholsame Wanderungen machen und Ausblicke bis nach Thüringen genießen.

The first gliders took off over 70 years ago on "Wasserkuppe", almost 1000 m high. Today this "pilot's mountain" with its glider pilot school and glider museum is known all over the world. Those not interested in flying can take relaxing walks on Wasserkuppe and will can take relaxing walks on Was-serkuppe and will enjoy panoramic views extending as far as Thuringia.

Sur la Wasserkuppe, d'une hauteur de près de 1000 m, eurent lieu les premiers essais de vol à voile, il y a plus de 70 ans. Ce «mont des aviateurs» possède aujourd'hui une école et un musée de vol à voile connus dans le monde entier. Ceux à qui ce sport ne dit rien pourront faire des randonnées sur la Wasserkuppe et jouir de la vue qui s'étend jusqu'en Thuringe.

Bild vorhergehende Doppelseite:
Weitab von allem, was durch Fort-
schritt und Technik laut und betrieb-
sam geworden ist – die einsame Weite
der Rhön.
Bild oben: Tann – reich an Sehenswürdigkeiten, wie z. B. das Gelbe, das
Blaue und das Rote Schloß, der
Vierpaß- und der Marktbrunnen, das
Staddttor und viele alte Fachwerkhäuser.

Picture on previous double page: Far
away from everything that has become loud and industrious through
progress and technology – the solitary
expanse of the Rhön.
Picture above: Tann – rich in sights
worth seeing, such as the Yellow, the
Blue and the Red Palace, the "Vier-
pass Fountain" and the Market Fountain, the City Gate and many old half-
timbered houses.

Photo de la page double précédente:
La vaste étendue solitaire de la Rhön,
loin de l'agitation de la technique et
du progrès.
Photo ci-dessus: Tann, riche en
curiosités comme, par exemple, le
Château Jaune, le Château Bleu et le
Château Rouge, la «fontaine Vierpaß»
et la fontaine du Marché, la Porte de la
Ville et de nombreuses vieilles
maisons aux poutres apparentes.

Kassel –
moderne Kongreß- und Kunststadt

Kassel, ist das wirtschaftliche und geistige Zentrum Nordhessens. Schon 1955 wurde hier die Idee der „autofreien" Fußgängerzonen erstmalig in Deutschland verwirklicht. Kassel ist trotz aller Dynamik und trotz allen industriellen Engagements eine symphatische und menschliche Stadt geblieben.
Bild oben: das Fridericianum, der älteste Museumsbau des Kontinents, seit 1955 Zentrum der „documenta".

Kassel is the economic and intellectual center of north Hesse. As early as 1955 the idea of "car-free" pedestrian zones was first transformed into reality in Germany here. Kassel has remained in spite of all its dynamism and industrial activity a congenial and human city. Picture above: "Fridericianum", the oldest museum edifice on this continent and center of the "documenta" exhibition since 1955.

Kassel est le centre intellectuel et économique de la Hesse du nord. Dès 1955 furent introduites ici, pour la première fois en Allemagne, des zones piétonnes. Malgré son dynamisme industriel elle demeure une ville sympathique et humaine. Photo ci-dessus: le Fridericianum, le plus vieux musée du continent. Depuis 1955 y ont lieu les «documenta».

Schon 1568 wurde durch Landgraf Wilhelm IV der Grundstock für eine weit über Kassels Grenzen hinaus bekannte Barockanlage in der Karlsaue an der Fulda gelegt. 1981 konnten hier Besucher aus aller Welt, während der Bundesgartenschau, reichlich Anregungen für ihren eigenen Garten erhalten, sammeln und mit nach Hause nehmen. Bild oben: Orangerieschloß, Anf. 18. Jh. Eine Attraktion ganz besonderer Art aber sind die Wasserspiele im Schloßpark auf der Wilhelmshöhe. Beginnend vom Oktogon, einem über 70 m hohen Oktogonschloß mit Herkulesfigur (im Bild rechts ganz oben), werden unterschiedliche Wasserspiele in Szene gesetzt, die in der großen Fontäne ihre Krönung finden. Millionen Besucher haben sich hier schon faszinieren lassen.

As early as 1568 the foundation was laid for palace grounds, known far beyond Kassel's city limits, in Karlsaue on the Fulda by Landgrave Wilhelm IV. In 1981 visitors from all over the world were able to get all sorts of ideas to take home for their own garden during the National Garden Show. Picture above: Orangerieschloß, beg. of the 18th cent. The fountains in the palace park on Wilhelmshöhe, however, offer an attraction of a very special nature. Beginning with the "Oktogon", an over 70-meter-high octagonal palace with Hercules figure (in the picture right at the very top), various fountains are presented and reach their crowning point with the large fountain. Millions of visitors have already been fascinated here.

Dès 1568 le comte Wilhelm IV posa les jalons d'un complexe baroque dans la Karlsaue au bord de la Fulda. Il est connu bien au-delà des limites de Kassel et en 1981, des visiteurs, venus du monde entier à l'occasion de l'Exposition Horticole Nationale, eurent l'occasion de l'admirer et de rapporter chez eux des idées nouvelles pour leur propre jardin. Photo ci-dessus: château de l'Orangerie, début du 18e siècle. Les jets d'eau du jardin de Wilhelmshöhe constituent une attraction toute particulière. Ils forment un ensemble commençant à l'Octogon, château haut de 70 m et surmonté de la statue d'Hercule (tout en haut sur la photo à droite), ils atteignent leur point culminant dans la grande Fontaine. Ils ont fasciné des millions de visiteurs.

Das nordosthessische Bergland

Kassel liegt eingebettet in herrlichen Naturschutzgebieten: Naturpark Habichtswald (Bild oben), Wildschutzgebiet Reinhardswald, Bramwald, Naturpark Münden und Naturpark Kaufunger Wald-Meißner (siehe auch Bild folgende Doppelseite, vom Heiligenberg westlich von Melsungen aus aufgenommen).

Kassel is situated in the middle of marvelous preserved areas: Naturpark Habichtswald (picture above), Reinhardswald Game Preserve, Bramwald, Naturpark Münden and Naturpark Kaufunger Wald-Meissner (see also picture on following double page, taken from Heiligenberg west of Melsungen).

Kassel est entouré de merveilleux parcs nationaux: le parc d'Habichtswald (photo ci-dessus), les parcs de Reinhardswald, Bramwald, de Münden et de Kaufunger Wald-Meissner (voir également la double page précédente. La photo a été prise du Heiligenberg, à l'ouest de Melsungen).

Für Liebhaber des Rokoko lohnt sich ein Besuch von Schloß Wilhelmsthal. Die Parkseite, eine der schönsten Leistungen des deutschen Rokoko, sowie die reiche Ausstattung der Innenräume, die Schönheitengalerie, die Stukkaturen, Lackmöbel, wertvolle Prozellane und Gemälde, als auch die Grotte im Park (Bild) sind beispielhaft.

A visit to Schloss Wilhelmsthal is worthwhile for lovers of rococo; the park side, one of the most beautiful achievements of the German rococo period, as well as the rich furnishings of the inner rooms, the "Schönheiten-galerie", the stuccos, varnished furniture, valuable porcelain and paintings and the grotto in the park (picture) are exemplary.

Les amateurs de style rococo ne doivent pas manquer de visiter le château de Wilhelmsthal. La façade sur le parc est l'une des plus belles oeuvres du rococo allemand. Le somptueux ameublement dont les meubles laqués, les ornements de stuc, la précieuse porcelaine, les tableaux et la grotte du parc (photo) sont exemplaires.

Zuerst waren es Nonnen, die sich im idyllischen Oberkaufungen niederlie-ßen. Zu ihrem Kloster, das 1527 aufgehoben wurde, gehört eine romanische Kirche, die bis heute sehenswert ist.

It was the nuns who first settled in idyllic Oberkaufungen. Their convent, which was dissolved in 1527, includes a Romanic church that is still worth seeing today.

Des religieuses s'installèrent les premières dans l'idyllique Oberkaufungen. Leur couvent qui fut fermé en 1527 comprend une église romane qui mérite une visite.

Mitte des 12. Jahrhunderts stand hier noch ein Doppelkloster mit einer imposanten Pfeilerbasilika. Die ehemalige „Nonnenkrypta" des Klosters von Germerode in der Gemeinde Meißner dient jetzt als Winterkirche. Ihr Juwel ist eine Orgel von 1700.

A double cloister with an imposing buttressed basilica stood here in the middle of the 12th century. The former "nuns' crypt" at the convent of Germerode in the municipality of Meißner now serves as a winter church. Its showpiece is an organ dating from 1700.

Un couvent double avec une imposante basilique à piliers s'élevait ici jusqu'au milieu du 12e siècle. L'ancienne «crypte des nonnes» du couvent de Germerode dans la paroisse de Meissner sert aujourd'hui d'église pendant l'hiver. Elle renferme un bijou: l'orgue de 1700.

Südlich des Kaufungerwaldes, in der Nähe zur Grenze zum Thüringischen, liegt Eschwege als Marktzentrum des Werralandes. Erwähnenswert sind hier neben dem malerischen Stadtbild mit Fachwerkhäusern des 17. und 18. Jh., das Landgräfliche Renaissance-Schloß (Mitte des 16. Jh. aus einer Burg von 1386 entstanden), zwei gotische Kirchen, der Dünzebacher-Turm (1531) und das Rathaus (1660).
Ein Tip für alle, die gerne an der Nähmaschine sitzen, ist Großalmerode (rechts: Rathaus), denn hier wird Schneiderkreide hergestellt. Der Ort entwickelte sich aus einer Glashütten-siedlung, verlegte sich aber im späten 16. Jahrhundert zunehmend auf die Tonindustrie. Das Glas- und Keramik-museum zeigt die schönsten Produkte.

South of Kaufunger Forst, near the border to Thüringen, Eschwege is the market center of Werraland. Of notable interest here are the pictur-esque city panorama with half-timbe-red houses of the 17th and 18th centuries, the Landgrave Renaissance Palace (middle of the 16th cent., created from a castle dating from 1386), two Gothic churches, the "Dünzebacher-Turm" (1531) and the Town Hall (1600).
Großalmerode (right: Town Hall) is a tip for anyone who likes to sit at a sewing machine, because tailor's chalk is manufactured here. The town developed out of a glassworks settle-ment, but increasingly shifted its emphasis to the clay industry during the late 16th century. The Glass and Ceramics Museum displays the most beautiful products.

Au sud du bois de Kaufunger, près de la frontière avec la Thuringe, se trouve Eschwege, le centre commercial de la région de la Werra. Les maisons à colombages des 17 et 18e siècles, le château Renaissance (milieu du 16e siècle) provenant d'un château fort de 1386, deux églises gothiques, la Dünzebacher-Turm (1531) et l'hôtel de ville (1660) donnent à cette ville son aspect pittoresque.
Grossalmerode (à droite: l'hôtel de ville) est une adresse pour tous ceux qui utilisent la machine à coudre: on y fabrique la craie de tailleur. Cette petite ville se développa autour d'une verrerie mais, à la fin du 16e siècle, elle se dédia de plus en plus à l'industrie de la terre cuite. Le Musée du Verre et de la Céramique présente les objets les plus beaux de cette production.

An der Werra ist gut Ausruhen:
Sooden-Allendorf verdankt seinen
Aufstieg als Heilbad den Salzquellen.
Seit 1881 werden sie erfolgreich gegen
Asthma, Rheuma, Haut- und Kinder-
krankheiten eingesetzt. Zu den histori-
schen Sehenswürdigkeiten gehören
das Rathaus (rechts), das Hochzeitshaus von 1667, die barock ausgestat-
tete Marienkirche und das ehemalige
Salzamt von 1782, in dem jetzt die
Kurverwaltung residiert. Einblicke in
die jüngste Geschichte gibt das
Museum der ehemaligen innerdeut-
schen Grenze.

A nice place to rest can be found on
the Werra: Sooden-Allendorf owes its
rise as a health spa to the salt springs.
They have been used successfully
against asthma, rheumatism, skin and
children's diseases since 1881. The
historical sights include the Town Hall
(right), Hochzeitshaus ("Wedding
House") from 1667, the Church of the
Virgin Mary with its baroque furnishings and the former Salt Office
from 1782, in which the spa administration now resides. The museum of
the former border between East and
West Germany provides insights into
Germany's recent history.

Il fait bon se reposer sur les bords de
la Werra: Sooden-Allendorf doit son
ascension à ses sources thermales.
Depuis 1881 on y soigne avec succès
l'asthme, les rhumatismes, les
maladies de la peau et de l'enfance.
L'hôtel de ville (à droite), la maison
des Mariés de 1667, la Marienkirche à
l'intérieur baroque et l'ancien Bureau
du Sel de 1782 qui abrite aujourd'hui
l'administration de la station thermale
et le Musée de l'Ancienne Frontière
entre les deux Allemagnes sont les
principales attractions de cette ville.

Was wäre besser für eine Kaffeepause geeignet als die Fachwerk-Kulisse von Witzenhausen? Trotz der heimischen Idylle blickt man hier traditionell gerne nach Übersee. Schon im 16. Jahrhundert bestand im Wilhelmitenkloster eine Kolonial-schule; heute entführen ein Kolonial-museum ebenso wie ein Tropen-gewächshaus den Besucher in exoti-sche Gefilde. Mancher tut's von Berufswegen: Witzenhausen ist Sitz des Deutschen Instituts für tropische und subtropische Landwirtschaft.

What better place can there be for a coffee break than the half-timbered backdrop in Witzenhausen? For all the homely and idyllic surroundings, people here traditionally cast their sights abroad. As early as the 16th century, a "Colonial School" was established in the Wilhelmiten cloister; today, a Colonial Museum and a tropical greenhouse entice the visitor to a taste of the exotic. Some do so as part of their work – Witzenhausen is the headquarters of the German Institute for Tropical and Subtropical Agriculture.

Quel décor pouvait être mieux adapté à une petite pause café que les façades à colombages de Witzenhausen ? Malgré le charme bien hessois de ces lieux on y dirige traditionnellement ses regards vers les pays d'outre-mer. Dès le 16e siècle existait dans le monastère de Wilhelmiten une école coloniale. De nos jours ce sont le musée colonial et la serre de plantes tropicales qui entraînent le visiteur vers des espaces exotiques. Il y a ceux qui le font par profession: Witzenhausen est le siège de l'Institut Allemand pour la Culture Tropicale et Subtropicale.

Der Grundstein zur Burg der Herren von Berlepsch wurde 1368 gelegt. Ein Blick ins Innere lohnt sich – vor allem in den Ostflügel, der Ende des 19. Jahrhunderts entstand und eine aufwendige Innenausstattung birgt.

The foundation stone for the castle of the lords from Berlepsch was laid in 1368. A look at the interior is worthwhile – particularly in the east wing, which was built at the end of the 19th century and contains lavish furnishings.

La première pierre de la forteresse des seigneurs de Berlepsch fut posée en 1368. L'intérieur de cet édifice mérite bien une visite – surtout l'aile est, construite à la fin du 19e siècle. Elle est richement meublée.

Ederbergland – Waldeck

Auch der Marktplatz von Fritzlar mit dem Rolandsbrunnen (1564) vermittelt uns jene Stimmung, die für Hessen so typisch ist: Harmonie und Menschlichkeit im Stadtbild (Bild oben: Markt). Von großer kulturhistorischer Bedeutung ist der romanische Dom (11.–14. Jh.) mit der reichen, teils im Zeitalter des Barock entstandenen Innenausstattung und dem Domschatz (Bild links).

Fritzlar's marketplace with its Roland Fountain (1564) also conveys to us the atmosphere that is so typical for Hessen: harmony and congeniality in the city panorama (Picture above: market). The Romanic cathedral (11th–14th cent.) with its rich interior furnishings, partly dating back to the baroque period, and cathedral treasury (picture on the left) is of great cultural and histrical significance.

La place du marché de Fritzlar avec la fontaine de Roland (1564) communique cette atmosphère si typique des villes de Hesse faite d'harmonie et d'humanité (photo ci-dessus: le marché). La cathédrale (11e–14e siècle) est d'une grande importance du point de vue de l'histoire de l'art avec sa décoration intérieure partiellement baroque et son trésor (photo à gauche).

Es sind nur spärliche Spuren, die die hessischen Grafen von Battenberg an der Eder hinterlassen haben (oben). Von der Stadtburg (1214) und der Kellerburg (1228) sind nur Mauerreste erhalten. Als Fundgrube für Freunde der Gotik entpuppt sich dagegen die frühere Hansestadt Korbach. Als eines der eindruckvollsten Ensembles gilt das Rathaus aus dem 14. Jahrhundert mit der Kilianskirche, deren Grundstein 1335 gelegt wurde (rechts).

There are only sparse traces left by the Hessian counts from Battenberg on the Eder (above). Only remains of the walls of Stadtburg (1214) and Kellerburg (1228) have been preserved. The former Hanseatic city of Korbach, on the other hand, offers a treasure trove for lovers of Gothic architecture. The 14th-century Town Hall with Kilian Church, whose foundation stone was laid in 1335 (right), is regarded as one of the most impressive ensembles.

Les comtes hessois de Battenberg n'ont laissé que des traces rares au bord de l'Eder (ci-dessus). Du Stadtburg (1214) et du Kellerburg (1228) il ne reste plus que des murs en ruines. L'ancienne ville hanséatique de Korbach, quant à elle, est une mine d'or pour les fervents du style gothique. L'hôtel de ville du 14e siècle et la Kiliankirche dont la première pierre fut posée en 1335 (à droite) forment un ensemble des plus imposants.

Bild vorhergehende Doppelseite: Schloß Waldeck (12. Jh.) hoch über dem Ederstausee mit 400 m langer Sperrmauer.
Bild oben: einmalig schön in Wald- und Bergwelt eingebettet, das international bekannte Staatsbad Bad Wildungen.
Bild rechts: das 10türmige Rathaus in Frankenberg, im Kern bereits 1421 erbaut und 1509 in der heutigen Form erneuert.

Picture on previous double page: Schloss Waldeck (12th cent.) high above the Eder Reservoir with a 400-meter-long dam.
Picture above: situated in the uniquely beautiful world of forests and mountains, the internationally known state spa, Bad Wildungen.
Picture on the right: the 10-towered Town Hall in Frankenberg, the core constructed as early as 1421 and renovated to its present form in 1509.

Photo de la double page précédente: le château de Waldeck (12e siècle) dominant le lac d'Eder et son barrage long de 400 m.
Photo ci-dessus: merveilleusement située dans les montagnes et dans la forêt, la station balnéaire d'état de Bad Wildungen, connue dans le monde entier.
A droite: l'hôtel de ville à dix tours de Frankenberg dont la construction originale remonte à 1421 et qui fut remanié en 1509.

Beeindruckend ist in Arolsen das Barockschloß, das nach dem Vorbild von Versailles erbaut wurde und eines der großzügigsten dieser Art in Deutschland ist. Die kostbare Ausstattung der Innenräume und der herrli-

The baroque palace in Arolsen, with was modelled after Versailles and is one of the largest of its kind in Germany, is impressive. Year in and year out, the valuable furnishings of the inner rooms and the marvelous park

Le château baroque d'Arolsen, qui s'inspire de Versailles, est fort impressionnant; c'est le plus grand d'Allemagne en son genre. L'ameublement et la décoration intérieure, ainsi que le merveilleux

che Park sind Jahr für Jahr das Ziel begeisterter Besucher aus nah und fern. Aber auch das im Schloß untergebrachte Heimat- und Kaulbach-Museum sind beliebte Anziehungspunkte.

are attractions for enthusiastic visitors from far and wide. However, the Heimatmuseum and Kaulbach-Museum, located in the palace are also popular points of interest.

parc, attirent chaque année de très nombreux visiteurs. Ils se passionnent aussi pour le musée régional et le musée Kaulbach qui ont été aménagés dans le château.

© Sachbuchverlag Karin Mader
D-28879 Grasberg

Grasberg 1997
Alle Rechte, auch auszugsweise, vorbehalten

Fotos:
Jost Schilgen

Seite 44/45: Elsässer GmbH

Text:
Martina Wengierek

Übersetzungen:
Englisch: Michael Meadows
Französisch: Mireille Patel

Karte:
Gerold Paulus

Printed in Germany

ISBN 3-921957-26-5